明德知止

《大学·中庸》读本

钱逊 著

中华书局

图书在版编目(CIP)数据

明德知止:《大学·中庸》读本/钱逊著. —北京:中华书局,
2015.9
ISBN 978-7-101-11115-6

Ⅰ.明… Ⅱ.钱… Ⅲ.①儒家②《大学》-通俗读物③《中庸》-
通俗读物 Ⅳ.B222.1-49

中国版本图书馆 CIP 数据核字(2015)第 161028 号

书　　名	明德知止:《大学·中庸》读本
著　　者	钱　逊
责任编辑	祝安顺　梁　皓
出版发行	中华书局
	(北京市丰台区太平桥西里 38 号　100073)
	http://www.zhbc.com.cn
	E-mail:zhbc@zhbc.com.cn
印　　刷	北京天来印务有限公司
版　　次	2015 年 9 月北京第 1 版
	2015 年 9 月北京第 1 次印刷
规　　格	开本/710×1000 毫米　1/16
	印张 5¼　字数 80 千字
印　　数	1-5000 册
国际书号	ISBN 978-7-101-11115-6
定　　价	18.00 元

出版说明

　　《大学》《中庸》是古代儒家思想的精粹，原是《礼记》中的两篇，至宋代与《论语》《孟子》合为"四书"，经朱熹整理注释，成为科举考试的必读书，影响极大。本书经典原文以朱熹《四书章句集注》为底本，删省朱熹序及原文注解，仅存书前朱熹解题导读及每章后的说明，另对原文做了简要通俗的注释和讲解，希望能满足广大读者需求。

中华书局编辑部

2015年8月

目　录

导　言 ………………………………… 1

大学章句 ……………………………… 5

中庸章句 ……………………………… 31

导言

《大学》《中庸》本是《礼记》中的两篇，受到宋儒的重视而独立成书。宋儒将它们抽出，与《论语》《孟子》并列，编为"四书"，作为教授弟子的基本教材。

《大学》的内容，主要是阐述古代成人教育的宗旨、途径，提出大学"在明明德，在亲民，在止于至善"三个纲领和"格物、致知、诚意、正心、修身、齐家、治国、平天下"八个条目。朱熹说，《大学》是"古之大学所以教人之法也"，由此"可见古人为学次第者，独赖此篇之存"，是"初学入德之门"。所以，读"四书"应从《大学》开始，而又必须继之以《论语》《孟子》。

"学问须以《大学》为先，次《论语》，次《孟子》，次《中庸》。"（《朱子语类》卷十四）

"先读《大学》，以定其规模；次读《论语》，以立其根本；次读《孟子》，以观其发越；次读《中庸》，以求古人之微妙处。"（《朱子语类》卷十四）

"《大学》是个大坯模。""先读《大学》，可见古人为学首末次第。""须熟究《大学》作间架，却以他书填补去。"（《朱子语类》卷十四）

"《大学》所载，只是个题目如此，要须自用工夫做将去。"（《朱子语类》卷十四）

在把《大学》编入四书时，宋儒对《大学》古本的章节次序有所改动，朱熹还补写了解释"格物致知"的一章。宋以后《大学》的流传，主要是依据朱熹的《四书章句集注》，本书也以朱熹集注本为依据。

《中庸》共三十三章，内容丰富。开篇阐述天、性、道、教的关系，提出了儒家天人合一的核心思想：性与道合一，天道与人道合一，并以"致中和，天地位焉，万物育焉"为首章结尾，指出中庸是大道的根本。以下从各个方面展开，论述中庸之道的特性、表现、功效和修养的方法、途径等。特别以"诚"为中心，提出"诚者，天之道也；诚之者，人之道也"的思想，末章又回到修道的根本。形成一以贯之的系统论述，是论述中庸之道的基本文献。宋儒认为《中庸》是孔子之孙子思所作，是"孔门传授心法"、传承儒学道统的重要文献。

《中庸》的内容较艰深，所以读"四书"，《中庸》要放在最后，读过《大学》《论语》《孟子》之后，再读《中庸》。

近代出版的"四书"，考虑到《大学》《中庸》二书篇幅较小，一般都把二书合为一书出版，依《大学》《中庸》《论语》《孟子》的次序编排。这一次序与读"四书"应遵的次序不合，容易误导读者，望读者注意。

大学章句

子程子曰："《大学》，孔氏之遗书，而初学入德之门也。"于今可见古人为学次第者，独赖此篇之存，而《论》《孟》次之。学者必由是而学焉，则庶乎其不差矣。

大学之道①，在明明德②，在亲③民，在止于至善④。知止而后有定⑤，定而后能静，静而后能安，安而后能虑⑥，虑而后能得。物有本末，事有终始。知所先后⑦，则近道矣。古之欲明明德于天下者，先治其国；欲治其国者，先齐其家；欲齐其家者，先修其身⑧；欲修其身者，先正其心；欲正其心者，先诚其意；欲诚其意者，先致其知；致知在格物。物格而后知至，知至而后意诚，意诚而后心正，心正而后身修，身修而后家齐，家齐而后国治，国治而后天下平。自天子以至于庶人，壹是皆以修身为本。其本乱而末治者否矣。其所厚⑨者薄，而其所薄者厚，未之有也。

右经一章。盖孔子之言，而曾子述之。其传十章，则曾子之意而门人记之也。旧本颇有错简，今因程子所定，而更考经文，别为序次如左。

【注释】

①大学之道：古代教育分小学、大学两个阶段。八岁入小学，十五岁入大学。道，事物应该遵行的原则、道理。②明明德：彰明自己固有的德性。前一"明"字作动词，彰明。明德，指人所固有的德性。③亲：宋儒注"亲，当作新"。④止于至善：达到至善然后停止。以达到至善为终极目标。止，停止。⑤知止：知道应该达到的目标。止，指上文"止于至善"所说的当止之地，应该达到的目标。定：坚定的方向。⑥虑：思虑。⑦先后：先后的次序。朱注"明德为本，新民为末。知止为始，能得为终。本始所先，末终所后"。⑧先修其身：修养身心，完善自身。修，修饰、修理。⑨厚：朱注"所厚，谓家也"。

【大意】

大学的指导原则，在于彰明人固有的德性，帮助人们改过图新，以达到至善为终极目标。知道应该达到的目标，才能有坚定的方向。有坚定的方向，心态才能宁静。心态宁静了，才能随处而安。随处而安，才能周密地思虑。周密地思虑了，才能得到希望达到的结果。万物都有根本、有枝节；万事都有终极、有开始。知道在这中间把握先后次序，就接近正确的道路了。古代想在天下彰明德性的人，先要治理好他的国家；要治理好国家，先要管理好自己的家族；要管理好家族，先要完善自身；要完善自身，先要端正自己的心；要端正自己的心，先要做到意念真诚，没有杂念；要意念真诚，先要得到知识；得到知识的途径在于探究事物内含的道理。事物推究清楚了，就能得到知识，有了知识，然后能做到心意真诚，心意真诚了，然后心就能端正，心端正了，然后自己能得到完善，自身完善了，然后家能够得到管理，家管理好了，然后国家能够得到治理，国家治理好了，然后天下能够太平。从天子到普通百姓，一概都要以修身为根本。根本乱了，而枝节能治理好，是不可能的。所重视的是应该轻视的，所轻视的是应该重视的，（要想得到成功，）是从未有过的。

　　以上一章，朱熹定为《大学》的"经"，认为是曾子所记述的孔子的话。本章提出大学之道"明德、亲民、止于至善"的"三纲领"和"格物、致知、诚意、正心、修身、齐家、治国、平天下"的"八条目"，全面说明了古时大学的宗旨、要求和为学的次序。"三纲领"概括了教育的本质和要求。明德，是修己。亲民，是安人。这两点体现了孔子"修己安人"的要求。今天的教育，根本的要求是立德树人，培养一代新人，正是明明德和亲民在当代的表现。止于至善是要达到的目标，明德、亲民都要求达到至善的境地。"八条目"是达到至善的途径和次序。而所有一切，"壹是皆以修身为本"，这是孔子、儒家思想根本精神之所在。只见"三纲领""八条目"而忽略修身为本，就失掉了为学的根本。

本章特别提出认识事物的本末终始，"知所先后，则近道矣"，不仅是理解把握"三纲领""八条目"的根本指导原则，也是办好一切事必须具备的智慧。读者宜细心体会。

《康诰》①曰："克②明德。"《大甲》③曰："顾误天之明命④。"《帝典》⑤曰："克明峻德⑥。"皆自明也。

右传之首章。释明明德。

【注释】

①《康诰》：《尚书·周书》中的一篇。②克：能。③《大甲》：即《太甲》，《尚书·商书》中的一篇。④顾：顾念。误："是"的古体，代词。⑤《帝典》：即《尧典》，《尚书·虞书》中的一篇。⑥峻德：《尧典》中作"俊德"。"峻""俊"相通，高大。

【大意】

《康诰》说："能够彰明那光明的德性。"《太甲》说："常想着那上天赋予的明德。"《帝典》说："能够彰明那崇高的德性。"都是说的要自觉地彰明自己的德性。

由此章开始以下十章，朱熹定为解释上章经文的传。本章解释"明明德"。引用《尚书》三处文字，都是说明一个意思：明明德是自明，自己彰明自己固有的德性。孔子《论语》讲修身崇德，"为己""由己""求诸己"，《孟子》讲"尽心知性""反身而诚"，也都是自明己德的意思。怎样理解明德是自己固有，又如何才能自明己德？都要从《论语》《孟子》中方能求得答案。

汤之《盘铭》①曰："苟日新②，日日新，又日新。"《康诰》曰："作③新民。"《诗》④曰："周虽旧邦，其命惟新。"是故君子无所不用其极。

右传之二章。释新民。

【注释】

①汤之《盘铭》：商汤浴盆上的铭文。②日新：一天之内能涤除污垢而自新。③作：鼓舞，兴起。④《诗》：此处指《诗经·大雅·文王》。

【大意】

商汤浴盆上的铭文说："如果一天之内能去除污垢有新的面貌，那就要每一天都去除污垢而自新，日复一日地自新。"《康诰》说："鼓舞那些自新的人们。"《诗经》说："周虽然是古老的邦国，却因为能革新自己而秉受天命。"所以，有德的君子总是在一切方面力求做得最好。

本章解释"新民"。提出两点：要日新，日日新，又日新，坚持有恒，不懈追求；要"无所不用其极"，追求最好，止于至善。

《诗》云："邦畿千里，惟民所止。"① 《诗》云："缗蛮黄鸟，止于丘隅。"② 子曰："于止，知其所止，可以人而不如鸟乎？"《诗》云："穆穆文王，於缉熙敬止。"③ 为人君，止于仁；为人臣，止于敬；为人子，止于孝；为人父，止于慈；与国人交，止于信。《诗》云："瞻彼淇澳，菉竹猗猗。有斐君子，如切如磋，如琢如磨。瑟兮僩兮，赫兮喧兮。有斐君子，终不可谖兮。"④ 如切如磋者，道学也；如琢如磨者，自修也；瑟兮僩兮者，恂栗⑤也；赫兮喧兮者，威仪也；有斐君子，终不可谖兮者，道盛德至善，民之不能忘也。《诗》云："於戏前王不忘⑥！"君子贤其贤而亲其亲，小人乐其乐而利其利，此以没世不忘也。

右传之三章。释止于至善。

【注释】

①"邦畿千里"句：引自《诗经·商颂·玄鸟》。邦，都城。畿，天子直接管辖的地区。止，居住之地。②"缗蛮黄鸟"句：引自《诗经·小雅·缗蛮》。缗蛮，鸟叫声。止，栖息。③"穆穆文王"句：引自《诗经·大雅·文王》。穆穆，美好。朱熹注"深远之意"。於，叹美词。缉，继续。熙，光明。④"瞻彼淇澳"四句：引自《诗经·卫风·淇澳》。切磋琢磨，制作骨器、玉器的工艺。一说，用刀切割，用凿雕凿，是使器物成形；用锉锉平，用沙石打磨，是使器物平整光滑。比喻治学做事有深浅次序，精益求精。一说加工骨器叫切，加工象牙叫磋，加工玉器叫琢，加工石器叫磨。淇，水名。澳（yù），水边。菉，同"绿"。猗猗，美盛貌。斐，文彩貌。瑟，庄严、严密的样子。僩，威严、武猛的样子。赫、喧，显赫盛大的样子。谖，忘。⑤恂栗：恐惧。⑥於戏前王不忘：引自《诗经·周颂·烈文》。於戏，音"呜呼"。

【大意】

《诗经》说："天子的都城周围方圆千里，是百姓居住的地方。"《诗经》说："鸣叫的黄鸟，栖息在山丘的一角。"孔子说："对于居住，知道自己应该居住的地方，人可以不如鸟吗？"《诗经》说："德行深远的文王啊，继续发扬着他光明的德行，总是认真做他所应该做的。"他做国君，做到了仁；做臣下，做到了敬；做儿子，做到了孝；做父亲，做到了慈；和国人交往，做到了诚信。《诗经》说："看那泗水的岸边，翠竹那样茂盛。有文采的君子，治学修身像雕琢骨器玉器那样切磋琢磨。严密而又武猛，显赫而盛大呀！那有文采的君子，让人忘不了呀。"如切如磋，是说他的做学问；如琢如磨，是说他的修身；瑟兮僩兮，是说他恭敬谨慎的态度；赫兮喧兮，是说他威严的仪表；有斐君子，终不可諠兮，是说他的德行达到至善的境界，百姓是不会忘记的。《诗经》说："啊！不忘前王的恩德！"后代的君子都能敬重贤者，亲爱亲人，百姓都能享受到他们希望得到的快乐和应该得到的利益，这就是因为永远不忘先王的恩德呀。

本章是解释"止于至善"。全章引用《诗经》的四段话，分别说明四点意思：第一，要"知其所止"，明确自己应该达到的至善的目标；第二，提出"为人君，止于仁；为人臣，止于敬；为人子，止于孝；为人父，止于慈；与国人交，止于信"，在不同地位、身份下至善的具体要求；第三，追求至善应有的态度。要"如切如磋，如琢如磨"，用恭敬谨慎的态度学习、修身，才能达到至善的目标，得到百姓的赞许；第四，追求至善，要不忘先王之道。

"知其所止"，确立人生目标，也就是人生的理想信念，是修身的首要问题。"知止而后有定"，有明确的理想信念，才能有努力的方向，不为一切邪恶现象迷惑和动摇。《论语》说"志于道"，《孟子》说"尚志"，都是说的这个问题。在对至善的追求中，历代先贤成就了伟大而崇高的人生理想信念，成为我们民族精神的重要组成部分，支撑了民族历史、文化的发展。人生的理想信念，既有古今中外人所共同的常道，也随时代的发展变迁和个人的具体状况不同而有所不同。先贤的理想信念是民族的优秀传统，包含着为人的常道，应该认真学习继承和发扬。同时也要认识时代要求，自觉地融入时代潮流，在此基础上确立自己的理想信念。

子曰："听讼，吾犹人也，必也使无讼乎！"无情者①不得尽其辞。大畏民志，此谓知本。

右传之四章。释本末。

【注释】

①无情者：隐瞒真实情况的人。情，实也。

【大意】

孔子说："审理诉讼案件，我同别人是一样的，重要的是一定要做到没有诉讼案件才好！"使隐瞒真相的人不能随意胡说，使百姓有高度的敬畏之心，这就叫做知道根本。

本章是解释本末，怎样才是知本。审理个别案件，只是治标，是末。只有使百姓对法制有敬畏之心，自觉遵守，罪犯不能靠谎言掩盖罪行，才是治本之方。

此谓知本，此谓知之至也。^①

　　右传之五章，盖释格物、致知之义，而今亡矣。^②闲尝窃取程子之意以补之曰："所谓致知在格物者，言欲致吾之知，在即物而穷其理^③也。盖人心之灵莫不有知，而天下之物莫不有理，惟于理有未穷，故其知有不尽也。是以《大学》始教，必使学者即凡天下之物，莫不因其已知之理而益穷之，以求至乎其极。至于用力之久，而一旦豁然贯通焉，则众物之表里精粗无不到，而吾心之全体大用无不明矣。此谓物格，此谓知之至也。"

【注释】

　　①"此谓"句：这二句与前后文不相连，或是古籍简文有错失。②"右传之五章"句：《大学》古本中解释"格物致知"的第五章，原文已佚失。现本下述文字，是朱熹补作，一般称为"朱熹格物补传"。③理：宋儒理学的"理"，是用来说明宇宙万物根本的概念，有本原、本质、规律等多方面的含义。

【大意】

　　所谓"致知在格物"，是说要获得知识，就在于接触事物而且穷尽它的本质和规律。以人的聪明，都有认识事物的能力，而天下的事物，都有它自己的本质和规律。只是因为对事物的本质和规律还没有充分认识，所以人的知识还有不足之处。所有《大学》教育的开始，一定要求学生接触天下的各种事物，都根据已有的知识去深入探究，以求达到认识的极限。到了用力很久，而一旦豁然贯通的时候，那就能对一切事物的现象和本质，微观和宏观，一切方面全都认识清楚，而我们人心的认识能力也都得到充分发挥，没有闭塞了。这就叫做物格，这就叫做知之至。

本章解释格物致知。格物致知就是说，为学首先要与外界事物接触，根据已有的知识去深入探究，穷尽它的本质和规律，最后达到豁然贯通，对一切事物的现象和本质，微观和宏观，一切方面全都认识清楚，而我们人心的认识能力也都得到充分发挥，没有闭塞。

所谓诚其意者，毋自欺也。如恶恶臭①，如好好色②，此之谓自谦③，故君子必慎其独④也。小人闲居⑤为不善，无所不至，见君子而后厌然⑥，掩其不善，而著其善。人⑦之视己，如见其肺肝然，则何益矣。此谓诚于中，形于外，故君子必慎其独也。曾子曰："十⑧目所视，十手所指，其严乎！"富润屋，德润身，心广体胖，故君子必诚其意。

右传之六章。释诚意。

【注释】

①恶恶臭：前"恶"字作动词，读作wù，厌恶。后"恶"字如原意。②好好色：前"好"字读hào，喜好。后"好"字如原意。③谦：通"慊"，满足。④独：人所不知而只有自己知道的情况。⑤闲居：日常居处，此处也指独处。⑥厌然：消沉、沮丧、掩藏的样子。⑦人：此处"人"泛指一般人，并非指他人。⑧十：虚数，指众多。

【大意】

所谓要使意念真诚，就是不要自己欺骗自己。就像厌恶恶臭，喜好美色一样，这叫做自我满足，所以君子总是谨慎对待他人不知而个人独知的情况。小人平日里坏事无所不做，见到君子就蔫下来，掩盖他的不善，做出善的样子给人家看。其实，人看自己，就像看到他的肝、肺一样清楚，掩盖和伪装有什么用处呢？这是说，真诚存于内心，就表现于外部言行上，所以君子总是谨慎对待个人独处独知的情况。曾子说："众人看着你，众人指着你，多么严厉呀！"财富可以装饰房屋，道德可以滋养身心，心胸宽广身体也就舒泰安康，所以君子总是使自己意念真诚。

本章解释诚意。诚，实也。诚意，朱注说"言欲自修者知为善以去其恶，则当实用其力，而禁止其自欺"。指出诚意就是要实用其力，只是一个心，便是诚，有两个心，便是自欺；而其具体的要求和表现就是慎独，要特别注意，在个人独处独知，无他人知晓的情况下，保持内心真诚，不存虚妄。这是"自修之首"，既是修养应该达到的要求，也是修养不可忽视的方法。

朱注："第五章乃明德之要，第六章乃诚身之本。"第五章是明辨善恶的关键，第六章是做到诚身的根本，"在初学尤为当务之急，读者不可以其近而忽之也"，此点请读者务必注意。

所谓修身在正其心者，身有所忿懥①，则不得其正；有所恐惧，则不得其正；有所好乐，则不得其正；有所忧患，则不得其正。心不在焉，视而不见，听而不闻，食而不知其味。此谓修身在正其心。

右传之七章。释正心修身。

【注释】

①身：此处的"身"当作"心"。忿懥（zhì）：愤怒。

【大意】

所以说修身在正其心，是说内心有愤怒心态就不能端正，有恐惧就不能端正，有喜好快乐就不能端正，有忧患就不能端正。心思不在这上面，看着也像没有看见，听着也像没有听见，吃东西也不知道是什么味道。这是说修身首先要端正自己的内心。

本章解释正心诚意。喜怒哀乐，人之常情。但滞留心中，带着愤怒、喜乐、忧患、恐惧待人接物，用心就会偏离正道，心不在焉就会视而不见，听而不闻，食而不知其味。意不诚则心不正，意诚而后心正。正心就是要排除愤怒、喜乐、忧患、恐惧等的影响，保持心情"发而皆中节"，不离正道。

> 所谓齐其家在修其身者：人之其所亲爱而辟焉①，之其所贱恶而辟焉，之其所畏敬而辟焉，之其所哀矜而辟焉，之其所敖惰而辟焉。故好而知其恶，恶而知其美者，天下鲜②矣！故谚有之曰："人莫知其子之恶，莫知其苗之硕。"此谓身不修不可以齐其家。
>
> 右传之八章。释修身齐家。

【注释】

①之：朱注"犹于也"，对。辟：偏。②鲜（xiǎn）：少。

【大意】

所谓齐家在于修身：是说人对自己亲爱的人会有偏颇，对自己鄙视厌恶的人会有偏颇，对自己敬重的人会有偏颇，对自己怜悯同情的人会有偏颇，对自己傲视的人会有偏颇。喜爱一个人而还能看到他的缺点，厌恶一个人而还能看到他的优点，这样的人天下少见。所以谚语就有说："人看不到他子女的缺点，看不到自家禾苗的茁壮。"这就是"身不修不可以齐其家"的道理。

本章解释修身齐家。文章列举五种情况，说明一般人往往会因偏见而不能正确处理事务，不首先修身，端正自己，就不可能齐家。

所谓治国必先齐其家者，其家不可教而能教人者，无之。故君子不出家而成教于国：孝者，所以事君也；^①弟^②者，所以事长也；慈^③者，所以使众也。《康诰》曰："如保赤子^④。"心诚求之，虽不中不远矣。未有学养子而后嫁者也。一家仁，一国兴仁；一家让，一国兴让；一人贪戾，一国作乱：其机如此。此谓一言偾^⑤事，一人定国。尧、舜帅^⑥天下以仁，而民从之。桀、纣帅天下以暴，而民从之。其所令反其所好，而民不从。是故君子有诸己而后求诸人，无诸己而后非诸人。所藏乎身不恕，而能喻诸人者，未之有也。故治国在齐其家。《诗》^⑦云："桃之夭夭^⑧，其叶蓁蓁^⑨。之子于归，宜其家人。"宜其家人，而后可以教国人。《诗》^⑩云："宜兄宜弟。"宜兄宜弟，而后可以教国人。《诗》⑪云："其仪不忒⑫，正是四国。"其为父子兄弟足法，而后民法之也。此谓治国在齐其家。

右传之九章。释齐家治国。

【注释】

①"孝者"句：孝本是子女侍奉父母的德行。这句是说，孝也是侍奉国君的道理。下二句大意同。②弟：通"悌"。③慈：慈爱。父对子的德行要求。④赤子：初生的婴儿。⑤偾：覆败。⑥帅：同"率"。⑦《诗》：《诗经·周南·桃夭》。⑧夭夭：少好、美盛貌。⑨蓁蓁：茂盛貌。⑩《诗》：《诗经·小雅·蓼萧》。⑪《诗》：《诗经·曹风·鸤鸠》。⑫忒：差错。

【大意】

所谓治国一定要先齐家：是说家教育不好而能教育他人，这是没有的。君子不出家门也能完成对国人的教化：孝，也就是侍奉国君的道理；悌，也就是侍奉长者、上级的道理；慈，也就是对待百姓的道理。《康诰》说："（对民众）就要像保护婴儿一样。"诚心这样追求，虽然没有完全做到，也差得不远了。没有先学会生养孩子然后再嫁人的。一家行仁爱，一国就兴起仁爱的风气；一家讲礼让，一国就兴起礼让的风气；（国君）一人贪婪暴戾，一国就会作乱。其间的关系就是这样。这就叫做一句话可以坏事，一个人可以定国。尧、舜率先实行仁德，百姓跟从他行仁德。桀纣率先用暴虐对待臣民，百姓也跟从他施暴。命令他人做的和自己爱好做的相反，百姓不会听从。所以，君子自己做到了然后才要求别人也这样做，自己没有这样的毛病然后才责备别人的毛病。自己不能行恕道，而想要别人懂得恕道，是从来没有的事。所以治国一定要先齐家。《诗经》说："桃花多么美艳，它的叶子多么茂盛，女子出嫁，使家人和善。"家人和善，然后可以教化国人。《诗经》说："兄弟和善。"兄弟和善，然后可以教化国人。《诗经》说："行为准则没有差错，用以匡正四方邦国。"在家做父子兄弟的行为都可以作为榜样，然后百姓才会效法。这就是治国一定要先齐家。

本章解释治国在齐家。有两层意思：一，把原属于家庭伦理的孝、悌、慈，移作治国之道。认为孝就是事君之道，悌就是侍奉长上之道，而慈就是使民之道，所以治国必先齐家。孝、悌、慈的内涵和其原始意义已经有所不同，反映了儒学的发展，值得注意。同时，这一思想应与社会背景的变化有关，也宜作分析。二，"其所令反其所好，而民不从。"要求别人做的和自己做的相反，别人不会听你的。由此提出"君子有诸己而后求诸人，无诸己而后非诸人"。这是修身待人重要的基本原则，要认真体会力行。

所谓平天下在治其国者：上老老①而民兴孝，上长长而民兴弟，上恤孤而民不倍②，是以君子有絜矩之道③也。所恶④于上，毋以使下；所恶于下，毋以事上；所恶于前，毋以先后；所恶于后，毋以从前；所恶于右，毋以交于左；所恶于左，毋以交于右：此之谓絜矩之道。《诗》⑤云："乐只⑥君子，民之父母。"民之所好好⑦之，民之所恶恶⑧之，此之谓民之父母。《诗》⑨云："节⑩彼南山，维石岩岩。赫赫师尹，民具尔瞻。"有国者不可以不慎，辟则为天下僇⑪矣。《诗》⑫云："殷之未丧师，克配上帝；仪监⑬于殷，峻命不易。"道得众则得国，失众则失国。是故君子先慎乎德。有德此有人，有人此有土，有土此有财，有财此有用。德者本也，财者末也。外本内末⑭，争民施夺。是故财聚则民散，财散则民聚。是故言悖⑮而出者，亦悖而入；货悖而入者，亦悖而出。《康诰》曰："惟命不于常。"道善则得之，不善则失之矣。《楚书》曰："楚国无以为宝，惟善以为宝。"舅犯曰："亡人无以为宝，仁亲以为宝。"《秦誓》曰："若有一个臣，断断⑯兮无他技，其心休休焉，其如有容焉。人之有技，若己有之，人之彦⑰圣，其心好之，不啻若自其口出，寔⑱能容之，以能保我子孙黎民，尚亦有利哉！人之有技，媢^⑲嫉以恶之，人之彦圣，而违之俾不通，寔不能容，以不能保我子孙黎民，亦曰殆哉！”唯仁人放流之，迸^⑳诸四夷，不与同中国。此谓唯仁人为能爱人，能恶人。见贤而不能举，举而不能先，命^㉑也；见不善而不能退，退而不能远，过也。好人之所恶，恶人之所好，是谓拂人之性，菑必逮夫身^㉒。是故君子有大道，必忠信以得之，骄泰以失之。生财有大道，生之者众，食之者寡，为之者疾，用之者舒，则财恒足矣。仁者以财发身，不仁者以身发财。^㉓未有上好仁而下不好义者也，未有好义其事不终者也，未有府库财非其财者也。孟献子^㉔曰：“畜马乘不察于鸡豚，伐冰之家不畜牛羊，百乘之家不畜聚敛之臣，与其有聚敛之臣，宁有盗臣。”此谓国不以利为利，以义为利也。长国家而务财用者，必自小人矣。彼为善之，小人之使为国家，菑害并至。虽有善者，亦无如之何矣！此谓国不以利为利，以义为利也。

右传之十章。释治国平天下。

凡传十章，前四章统论纲领指趣，后六章细论条目功夫。其第五章乃明善之要，第六章乃诚身之本，在初学尤为当务之急，读者不可以其近而忽之也。

【注释】

①老老：孝敬父母。前"老"字作动词。后文"长长"句式同。②倍：通"背"，背弃。③絜矩之道：指君子要从自己的好恶，猜度、了解他人的好恶，采取待人的正确态度。絜，用绳度量粗细。矩，画方形或直角用的尺。④恶：厌恶。⑤《诗》:《诗经·小雅·南山有台》。⑥只：语助词。⑦好好：二字都作喜好讲。⑧恶恶：二字都作厌恶讲。⑨《诗》:《诗经·小雅·节南山》。⑩节：读为"巀（jié）"，山高峻的样子。⑪僇：通"戮"，杀戮。⑫《诗》:《诗经·大雅·文王》。⑬监：通"鉴"，引为教训的事。⑭外本内末：朱注"人君以德为外，以财为内"。德为本，财为末；外、内，指疏远、亲近。⑮悖：逆。⑯断断：真诚专一的样子。⑰彦：美士，才德出众的人。⑱寔："实"的异体字，是。⑲媢：嫉妒。⑳迸：通"摒"，排除、驱逐。㉑命：郑注"当作'慢'"。㉒菑："灾"的异体字。逮：及，达到。㉓"仁者以财发身"句：朱注"仁者散财以得民，不仁者亡身以殖货"。㉔孟献子：春秋时鲁国大夫。

【大意】

所谓平治天下在于治国，是说君主孝敬父母，百姓就会兴起孝的风气；君主尊敬长辈，百姓就会兴起悌的风气；君主体恤孤儿，百姓就不会背弃国家，所以君子要遵循絜矩之道。所厌恶的上级对自己的言行，不要用来对下级；所厌恶的下级对自己的言行，不要用来对上级；所厌恶的前面的人的态度，不要用来对后面的人；所厌恶的后面人对自己的态度，不要用来对前面的人；所厌恶的右边的人对自己的言行，不要用来和左边的人交往；所厌恶的左边的人对自己的言行，不要用来和右边的人交往——这就是絜矩的原则。《诗经》说："快乐的君主啊，是百姓的父母。"百姓爱好的他就爱好，百姓厌恶的他就厌恶，这就叫百姓的父母。《诗经》说："那高大的南山啊，岩石堆积得多么高峻。赫赫有名的乐师尹，百姓都仰望着你。"执掌国家权力的人不可以不谨慎，偏离正道就会被天下人所杀。《诗经》说："殷商在没有失去百姓的时候，能够和上帝相匹配；要吸取殷的教训，保持这大命很不容易。"这是说得到民众就得国，失去民众就失国。所以君子首先谨慎对待道德。有德就可以得到民众拥护，有民众拥护就有国土，有国土就有财富，有财富就有国家的财政经费。德是根本，财是末梢。重视末梢而轻视根本，就会与民争利，对百姓施行聚敛劫夺的政策。这样，财富聚集，民心就散了。财富分散，民心就聚集了。用违背道理的话待人，人也用违背道理的话待你；财富以不正常的方法得到的，也以不正常的途径丢掉。《康诰》说："天命不是永久不变的。"所行的道善，就可以得到，行的道不善，就会失去。《楚书》说："楚国没有什么可以作为宝贝的，只是把善作为宝贝。"舅犯说："流亡的人没有什么可以作为宝贝的，只是以仁爱亲人为宝贝。"《秦誓》说："如果有一个臣子，真诚专一而没有什么技能，他气量很大，能够容人。别人有技能，就像自己有一样，别人才德出众，他从内心喜爱，不只是口头说说而已。这样的人可以容纳，因为它能保护我们的子孙百姓，也还能有利呢。别人有技能，他嫉妒，别人才德出众，他就排斥打击，使其才能不为国君了解。这样的人不能容纳，因为他不能保护我们的子弟百姓，只是带来危险而已。"仁人把这样的人流放，把他们驱逐到夷狄居住的地方，不和他们同住中原。这叫做只有仁人能爱人，能恶人。发现贤人而不能举荐，举荐而不能让他居于自己的前面，是怠慢；看到不善的人不能将他罢免，罢免他而不能疏远他，是过错。喜好人们所厌恶的，厌恶人们所喜好的，这叫做违逆人性，一定会灾难临头。所以君子的根本原则，一定是靠忠信而得到，因为骄傲贪图安逸而失去。增加财富的大原则，生产的人多，消费的人少；做的人勤勉，用的人节俭，财富就能永远富足。仁人将财富分散给百姓而得民心，不仁的人不顾丢掉生命地聚敛财富。从来没有过当政者爱好仁德而百姓不爱好义的，没有爱好义而事情办不成的，也没有国库中的财富是从不正当途径得来的。孟懿子说："家中有车马的大夫之家，不注意养鸡养猪的事，丧祭时能用冰的卿大夫以上的家，不养牛羊，有采邑封地的家，不养聚敛的家臣。与其有聚敛的家臣，还不如有偷盗财物的家臣。"这是说国不把追求利益看作对国家有利，而是把遵守道义看作对国家有利。管理国家而一意追求财富，一定是受到小人的影响。肯定他们，让小人来管理国家，灾害就会一齐来到。即使有善人，也没有什么办法了。这是说国不把追求财利看作有利，而把坚持道义看作有利。

以上是传的第十章，解释治国平天下。传一共十章：前四章通论《大学》的纲领、主旨，后六章分别细论各条目的功夫。其中第五章是明白什么是善的关键，第六章是做到诚身的根本，对于初学的人尤其是首先要注意领会的，读者不可因为它看似浅近而有所忽略。

本章解释治国平天下。文字较长。中心思想是"国不以利为利，以义为利"。义和利，指财和德。对二者的取舍、先后，对于社会国家治理和个人修身，都至关重要。对二者关系，本章指出"德者本也，财者末也"。于治国，"道得众则得国，失众则失国。有德此有人，有人此有土，有土此有财，有财此有用"。"道善则得之，不善则失之"。于个人，"仁者以财发身，不仁者以身发财"。对二者取舍先后之不同，是区分仁与不仁的标准。文中又说，"楚国无以为宝，惟善以为宝"，"亡人无以为宝，仁亲以为宝"。宝，价值的代表。可见所谓"不以利为利，以义为利"，说的实际上就是核心价值观的问题。无论对于社会还是对于个人，这都是一个根本问题。"不以利为利，以义为利"的价值观，是我们民族优秀的精神文化传统，应认真体会、继承和发扬。

文章提出"絜矩之道"，是恕道"己所不欲，勿施于人"的具体表述。孔子说，这是可以"终身行之"的。这是待人的根本原则，也是在位者治国应遵守的根本原则。

中庸章句

子程子曰:"不偏之谓中,不易之谓庸。中者,天下之正道;庸者,天下之定理。"此篇乃孔门传授心法,子思恐其久而差也,故笔之于书,以授孟子。其书始言一理,中散为万事,末复合为一理,"放之则弥六合,卷之则退藏于密",其味无穷,皆实学也。善读者玩索而有得焉,则终身用之,有不能尽者矣。

天命①之谓性,率②性之谓道,修③道之谓教。道也者,不可须臾离也,可离非道也。是故君子戒慎乎其所不睹,恐惧乎其所不闻。莫见④乎隐,莫显乎微,故君子慎其独⑤也。喜怒哀乐之未发,谓之中;发而皆中节⑥,谓之和。中也者,天下之大本也;和也者,天下之达道也。致中和,天地位焉,万物育焉⑦。

右第一章。子思述所传之意以立言:首明道之本原出于天而不可易,其实体备于己而不可离,次言存养省察之要,终言圣神功化之极。盖欲学者于此反求诸身而自得之,以去夫外诱之私,而充其本然之善,杨氏所谓一篇之体要是也。其下十章，盖子思引夫子之言，以终此章之义。

【注释】

①命：赋予。②率：遵循。③修：修饰，使之完善。④见："现"的本字。⑤独：人所不知而己所独知之地。⑥中节：符合规范。中音仲，符合。⑦"天地位焉"句：天地各在其位是中和的实质，万物生长繁育是其功效。

【大意】

天所给予人的禀赋叫做性，遵循天性而行叫做道，修明这道叫做教。道是不可以片刻离开的，可以离开的就不是道。所以君子在看不到的地方谨慎警戒，在听不到的地方担心害怕。没有比在隐蔽的地方更能表现的了，没有比在细节上更能显现的了，所以君子谨慎对待自己独处的状态。喜怒哀乐的情感还没有表现出来的状态叫做中，表现出来而都能合乎规范叫做和。中是天下的根本，和是天下的通途。达到了中和，天地就各在其位，万物就繁育生长。

本章是全篇的纲要。首句论天、性、道、教的关系，提出了儒家天人合一思想的核心内容：性与道合一，天道和人道合一。次段说道不可须臾离，特别提出慎独的重要。末段说中庸之道。提出天下之大本、达道就是中和。达到了中和，天地就各在其位，万物就繁育生长。

仲尼曰："君子中庸，小人反中庸。君子之中庸也，君子而时中①；小人之中庸也②，小人而无忌惮也。"

右第二章。

【注释】

①时中：时时刻刻，无时不中。时，随时而动。②小人之中庸也：联系上文看，此句应是"小人之反中庸也"。

【大意】

孔子说："君子践行中庸之道，小人反对中庸之道。君子的中庸，在于他的言行时时刻刻符合中道；小人的反对中庸，在于他的言行肆无忌惮。"

本章说君子和小人对中庸的不同态度及其原因。

子曰："中庸其至矣乎！民鲜①能久矣！"

右第三章。

【注释】

①鲜（xiǎn）：少。

【大意】

孔子说："中庸大概是最高的吧！百姓很少能做到，已经很久了。"

子曰："道之不行也，我知之矣，知者过之，愚者不及也；道之不明也，我知之矣，贤者过之，不肖者不及也。人莫不饮食也，鲜能知味也。"

右第四章。

【大意】

孔子说："道之所以不能通行，我知道了。是因为聪明的人认识过了头，愚笨的人认识达不到；道之所以不能昌明，我知道了。是因为贤德的人过了头，无德的人达不到。没有人是不吃不喝的，但很少有人真正懂得滋味。"

子曰："道其不行矣夫！"

右第五章。

【大意】

孔子说："道大概得不到推行了吧？"

以上三章慨叹中庸之道的不能行于世，并说其原因。第四章说道之不行是因为贤者过而愚者不及，也就是说道的基本要求是无过无不及。

子曰："舜其大知①也与！舜好问而好察迩言②，隐恶而扬善，执其两端，用其中于民，其斯以为舜乎！"

右第六章。

【注释】

①知：同"智"。②迩（ěr）言：指浅近的语言。迩，近。

【大意】

孔子说："舜大概是有大智慧的人吧！他喜欢向他人请教，又喜欢体察浅近的话。对他人隐藏其不善，宣扬其善。把握事物的两端，而采取不偏不倚的中道用于百姓，这就是他所以成为舜的原因吧！"

子曰:"人皆曰予知,驱而纳诸罟擭陷阱之中①,而莫之知辟②也。人皆曰予知,择乎中庸而不能期月守也。"

右第七章。

【注释】

①罟(gǔ):网。擭(huò):捕兽用的木笼。②辟:同"避"。

【大意】

孔子说:"人们都说'我有智慧',可是被驱赶到网罗、木笼、陷阱中去而不知道逃避。人们都说'我有智慧',可是选择了中庸之道却连一个月都坚持不到。"

以上二章对比舜和常人对中庸的态度,说明智慧和愚笨的差别。"好问而好察迩言,隐恶而扬善,执其两端,用其中于民",是真正的大智慧。自以为智慧,却"择乎中庸而不能期月守也",则是愚笨的表现。

子曰:"回之为人也,择乎中庸,得一善,则拳拳服膺①而弗失之矣。"

右第八章。

【注释】

①拳拳服膺（yīng）：奉持在胸中坚守不失。

【大意】

孔子说："颜回的为人，选择了中庸，每得到一个好的道理，就牢记在心，永不丢失了。"

这一章以颜渊为例进一步申说上二章之意。

子曰："天下国家可均也，爵禄可辞也，白刃可蹈也，中庸不可能也。"

右第九章。

【大意】

孔子说："天下国家可以平治，官爵俸禄可以辞掉，锋利的刀刃可以踩踏，中庸却不可能做到。"

说中庸之难能。以上反复申说中庸之难能和不得行，从一个方面更凸显学习宣扬中庸的重要。

子路①问强。子曰："南方之强与？北方之强与？抑而②强与？宽柔以教，不报无道，南方之强也，君子居之③。衽金革，死而不厌，北方之强也，而强者居之。故君子和而不流④，强哉矫⑤！中立而不倚，强哉矫！国有道，不变塞⑥焉，强哉矫！国无道，至死不变，强哉矫！"

右第十章。

【注释】

①子路：孔子弟子，名仲由。②而：通"尔"，你。③居之："居"作动词，大意中解释为"选择这样的强"。居，住处，处于。④流：漂泊、流浪，引申为游移不定，放纵。⑤矫：强盛的样子。⑥塞：堵塞不通。

【大意】

子路问怎样才是强。孔子说："是南方的强，还是北方的强？或者是你的强呢？用宽厚温柔的态度教育人，不对蛮横无理的行为进行报复，这是南方的强，君子选择这样的强。枕着刀枪，披着盔甲睡觉，死而无憾，这是北方的强，强悍者选择这样的强。所以，君子与人和睦相处而不随波逐流，是真正的强！坚守中道，不偏不倚，是真正的强！国家有道，不改变穷困时的操守，是真正的强！国家无道，至死不改自己的志向，是真正的强！"

本章列举对强的不同理解，指出只有中庸才是真正的强。值得仔细领会。

朱熹注认为，《中庸》以知、仁、勇三达德为入道之门，所以讲舜、颜渊、子路之事来说明。"舜，知也；颜渊，仁也；子路，勇也：三者废其一，则无以造道而成德矣。"

> 子曰："素①隐行怪，后世有述焉，吾弗为之矣。君子遵道而行，半涂②而废，吾弗能已矣。君子依乎中庸，遁世不见知而不悔，唯圣者能之。"
>
> 右第十一章。

【注释】

①素：按《汉书》，应是"索"字。②涂：通"途"。

【大意】

孔子说："探求隐秘的道理，做怪异的行为，后世或许会有人称道，我是不会做的。君子依正道而行，往往半途而废，我是无法停下来的。君子依循中庸之道，即使避世不为人知也不后悔，唯有圣人才能做到。"

本章总结以上诸章，强调只有坚持中庸之道才是唯一正道。庸，平常，"不易之谓庸"。本章批评"素隐行怪"和"半涂而废"，坚持和体现了中庸"平常、不易"的特性。

君子之道费①而隐。夫妇之愚，可以与知焉，及其至也，虽圣人亦有所不知焉；夫妇之不肖，可以能行焉，及其至也，虽圣人亦有所不能焉。天地之大也，人犹有所憾。故君子语大，天下莫能载焉；语小，天下莫能破焉。《诗》②云："鸢飞戾天，鱼跃于渊。"言其上下察也。君子之道，造端乎夫妇；及其至也，察乎天地。

右第十二章。子思之言，盖以申明首章道不可离之意也。其下八章，杂引孔子之言以明之。

【注释】

①费：用途广大。②《诗》：《诗经·大雅·旱麓》。

【大意】

君子的道，广大而又精微。就如匹夫匹妇那样愚昧，也可以有所知晓；至于到了高深处，那即使是圣人也会有不能知晓的地方。就如无德的匹夫匹妇那样的人，也能够照着做；到了最高的境界处，那即使是圣人也会有做不到的。天地如此之大，人还是有所遗憾的。所以君子说到大处，其大无外，天下没有什么东西可以承载它；君子说到小处，其小无内，天下没有什么东西可以把它破开。《诗经》说："鹞鹰在高空飞翔，鱼儿在深渊游跃。"是说上下明察的意思。君子的道，开端于夫妇间的日常生活；而到了最高的境界，则可以明察天地。

本章说道的特质，广大而精微。它始于人们的日常生活，普通人都能知能行；而它的道理精微，能明察天地奥秘，虽圣人也有所不知和不能。全面认识和把握这两个方面，是了解中华传统文化的关键。对传统文化高深的一面，既不要见其高深而却步，也不要好高骛远，脱离日用常行，玄谈空论。对其造端于夫妇日用常行的一面，既不要因其浅近而鄙夷漠视，也不要满足于日用而浅尝即止，不求甚解。以下第二十七章说"君子尊德性而道问学，致广大而尽精微，极高明而道中庸"，第二十章说"博学之，审问之，慎思之，明辨之，笃行之"，可联系起来读。

子曰："道不远人。人之为道而远人，不可以为道。《诗》①云：'伐柯伐柯，其则不远。'执柯以伐柯，睨②而视之，犹以为远③。故君子以人治人，改而止。忠恕违道不远，施诸己而不愿，亦勿施于人。君子之道四，丘未能一焉：所求乎子，以事父未能也；所求乎臣，以事君未能也；所求乎弟，以事兄未能也；所求乎朋友，先施之未能也。庸④德之行，庸言之谨，有所不足，不敢不勉，有余不敢尽；言顾行，行顾言，君子胡不慥慥⑤尔！"

右第十三章。

【注释】

①《诗》：《诗经·豳风·伐柯》。②睨：斜视。③犹以为远：斧把的样式就在斧把本身，斜眼去看，就已经是把它看远了。④庸：平常。⑤慥慥：笃实的样子。

【大意】

孔子说："道是不远离人的。有的人行的道远离于人，那就不能称作道了。《诗经》说：'砍斧把呀砍斧把，那样式并不远。'拿着斧把去砍斧把，斜着眼去看它，尚且还是把它看远了。所以君子依据人自己的情况治理人，改正了就好。忠恕离道不远。加于自身而不愿意的，也不要加于他人。君子之道有四条，我孔丘一条都没有能做到。要求儿子怎样对待父亲的，我没有能做到；要求臣子怎样侍奉君主的，我没有能做到；要求弟弟怎样对待兄长的，我没有能做到；要求对朋友要从自己做起，我没有能做到。日常道德的践行，日常说话的谨慎，做得有所不足，不敢不勉力改进，做得有余裕，不敢认为已经到头了。说话顾及行为，行为顾及说话，这样君子怎么会不忠厚诚实呢？"

本章承接上章之意。指出道既发端于夫妇日常生活，所以不远离于人。离日常生活求道，舍近求远，不是正道。下段提出忠恕违道不远，并引孔子语进一步加以阐述。忠恕之道，孔子说"能近取譬，可为仁之方也与"，就是从自身日常生活做起，体道行道。可与《大学》谈"絜矩之道"部分参读。

君子素其位①而行，不愿乎其外。素富贵，行乎富贵；素贫贱，行乎贫贱；素夷狄，行乎夷狄；素患难，行乎患难；君子无入而不自得焉。在上位不陵下，在下位不援上，正己而不求于人则无怨。上不怨天，下不尤人。故君子居易以俟命，小人行险以徼幸。子曰："射有似乎君子，失诸正鹄，反求诸其身。"

右第十四章。

【注释】

①素其位：指按照当下所在的地位本来的性质、要求行事。素，事物本然的性质。

【大意】

君子依据自己所处的地位行事，不追求超越所处地位以外的事。处于富贵，就按富贵人应做的那样去做；处于贫贱，就像贫贱者应做的那样去做；处于夷狄，就像夷狄应做的那样去做；处于患难，就照患难中应做的那样去做。君子不管处于什么境地都能安然自得。身处高位不欺凌在下位的人，身居下位不攀附巴结在上位的人，端正自己而不苛求他人，就没有怨恨了。在上位不要埋怨天，在下位不要归咎人。所以，君子以平常心对待天命，小人则冒险以求侥幸。孔子说："射箭有些像君子，射不中箭靶，反过来从自身来检讨。"

中和的实质是各在其位，各得其所。素其位而行，是达到各得其所、"致中和，天地位焉，万物育焉"理想境界的前提和基础，因此也是修身做人的一项基本原则。末句引孔子语，也是说君子最重要的是正己，端正自身。

> 君子之道，辟如行远必自迩，辟①如登高必自卑。《诗》②曰："妻子好合，如鼓瑟琴；兄弟既翕③，和乐且耽④；宜尔室家，乐尔妻帑⑤。"子曰："父母其顺矣乎！"
>
> 上第十五章。

【注释】

①辟：同"譬"。②《诗》：《诗经·小雅·棠棣》。③翕：合。④耽：乐。⑤帑：子孙。

【大意】

君子的道，好比远行一定要从近处出发，登高一定要从低处起步。《诗经》说："妻子儿女亲爱和好，就像鼓瑟弹琴；兄弟和睦，和乐又融洽，安排好你的家庭，让你的妻儿快乐。"孔子说："这样父母大概就顺心了吧！"

这一章说行远必自迩，登高必自卑，还是说的道不远人，修身要从日用常行开始，不可好高骛远、舍近求远的道理。

子曰："鬼神之为德，其盛矣乎！视之而弗见，听之而弗闻，体物而不可遗。使天下之人齐明盛服①，以承祭祀。洋洋乎！如在其上，如在其左右。《诗》②曰：'神之格思，不可度思！矧可射思！'夫微之显，诚之不可掩③如此夫。"

右第十六章。

【注释】

①齐明盛服：齐，同"斋"，斋戒。明，洁净。盛服，穿着

礼服。②《诗》:《诗经·大雅·抑》。③掩:掩盖。

【大意】

孔子说:"鬼神的德,该是很盛大的吧!看它看不见,听它听不到,但它体现在万物中却毫无遗漏,使天下的人们都斋戒沐浴,穿着礼服,进行祭祀。它变幻莫测,好像在上边,又好像在左右。《诗经》说:'神的降临,不可测度,怎能厌倦?'鬼神情状细微隐秘而功德显著,真实的不可掩饰就是像这样吧。"

前三章从道不离人伦日用的方面讲,这一章从鬼神方面讲。"视之而弗见,听之而弗闻,体物而不可遗",形容其"费而隐",既广大又精微。

子曰:"舜其大孝也与!德为圣人,尊为天子,富有四海之内。宗庙飨①之,子孙保之。故大德必得其位,必得其禄,必得其名,必得其寿。故天之生物,必因其材而笃焉。故栽者培之,倾者覆之。《诗》②曰:'嘉乐君子,宪宪令德!宜民宜人,受禄于天;保佑命之,自天申之!'故大德者必受命。"

右第十七章。

【注释】

①飨：设酒食祭祀。②《诗》:《诗经·大雅·嘉乐》。

【大意】

孔子说:"舜是大孝吧！讲德行他是圣人，讲尊贵他是天子，拥有天下的财富，宗庙里祭祀他，子孙保护他。所以有大德的人必定能得到他的地位，必定得到他的利禄，必定得到他的名声，必定得到他的年寿。所以天生养万物，一定依据它们的材质而厚待他们，栽种的就帮他培育，要倒的就把它颠覆。《诗经》说:'赞美喜爱那君子，彰显他的美德。善待民众和百姓，承受福禄于上天；保佑并赋予他使命，这是从上天降下的旨意。'所以说，有大德的人必定能秉受天命。"

这一章讲舜由大孝而达致天子的尊位，提出"大德必得其位，必得其禄，必得其名，必得其寿"，从位、禄、名、寿说道的功用。《论语》说:"古之学者为己，今之学者为人。"修德只求自己心安，不为求尊位。《孟子》论天爵、人爵，也以天爵为贵，而人爵尊位只是自然的结果，并批评"修其天爵，以邀人爵"的错误态度。这是对德和位关系的不同的理解，不可不慎思明辨。

子曰："无忧者其惟文王乎！以王季为父，以武王为子，父作①之，子述②之。武王缵③大王、王季、文王之绪④。壹戎衣而有天下，身不失天下之显名。尊为天子，富有四海之内。宗庙飨之，子孙保之。武王末受命，周公成文、武之德，追王大王、王季⑤，上祀先公以天子之礼。斯礼也，达乎诸侯大夫，及士庶人。父为大夫，子为士，葬以大夫，祭以士。父为士，子为大夫，葬以士，祭以大夫。期之丧达乎大夫，三年之丧达乎天子，父母之丧无贵贱一也。"

右第十八章。

【注释】

①作：创作，开创。②述：叙述、阐述。③缵：继承，继续。④绪：头绪，开端。⑤追王（wàng）大王、王季：追尊大王、王季为王。

【大意】

孔子说："没有忧愁的人，大概只有周文王吧！他父亲是王季，儿子是武王，父亲开创在前，儿子继承在后。武王继承太王、王季、文王的功业，身披战袍伐纣而得天下，自身没有失去显贵的美名。论地位，尊为天子，论财富，拥有四海之内的疆土。宗庙里祭祀他，子孙保守他的功业。武王晚年承受天命，周公完成文王和武王的德业，追封太王、王季，用天子的礼祭祀先祖。这样的礼，也用于诸侯、大夫、士和平民。父亲是大夫，儿子是士，用大夫的礼安葬，用士的礼祭祀。父亲是士，儿子是大夫，用士的礼安葬，用大夫的礼祭祀。一年的丧期通行到大夫，三年的丧期通行到天子。为父母服丧，没有贵贱的区别，都是一样的。"

子曰："武王、周公，其达孝矣乎！夫孝者：善继人之志，善述人之事者也。春秋修其祖庙，陈其宗器，设其裳衣，荐①其时食。宗庙之礼，所以序昭穆②也；序爵，所以辨贵贱也；序事，所以辨贤也；旅酬下为上，所以逮贱也；燕③毛，所以序齿也。践其位，行其礼，奏其乐，敬其所尊，爱其所亲，事死如事生，事亡如事存，孝之至也。郊社④之礼，所以事上帝也，宗庙之礼，所以祀乎其先也。明乎郊社之礼、禘尝⑤之义，治国其如示诸掌乎。"

右第十九章。

①荐：进献。②昭穆：古代宗庙里神主摆列的次序，左边为昭，右边为穆，父为昭，子为穆。③燕：通"宴"，祭祀后宴饮时以毛发颜色安排座次。④郊社：郊，祀天。社，祭地。⑤禘尝：宗庙中祭祖先的礼。

【大意】

孔子说："武王、周公，大概是最孝的人吧！所谓孝，就是善于继承先人的遗志，善于完成先人的事业。春秋季节，整修祖庙，陈列祭器，摆设先人的衣裳，供奉时令的食品。宗庙的祭礼，是用以安排左右上下的次序的；安排爵位的次序，是为了辨别身份的贵贱；安排各种职事的次序，是为了区分才能的高下；祭祀之后晚辈向长辈敬酒，是为了让地位卑贱的人也能尽他的敬意；祭后的宴饮按头发的颜色排座次，是为了区别年龄长幼。站在祭祀的位置上，行祭祀的礼，奏祭祀的乐曲，敬他所敬的人，爱他所亲近的亲人，侍奉死后和侍奉生前一样，对待丧祭和对待健在时一样，这就是孝的极致。祭祀天地的礼，是侍奉上帝的，宗庙里的祭礼，是祭祀先祖的。明白了祭祀天地、祖先的礼的道理，治理国家就像看手掌中的东西一样清楚了。"

以上二章以文、武、周公事迹继续发挥上章的意思。特别突出了孝、礼。

哀公问政。子曰："文、武之政，布在方策①。其人存，则其政举；其人亡，则其政息。人道敏政，地道敏树。夫政也者，蒲卢②也。故为政在人，取人以身，修身以道，修道以仁。仁者人也，亲亲为大；义者宜也，尊贤为大。亲亲之杀③，尊贤之等，礼所生也。在下位不获乎上，民不可得而治矣！故君子不可以不修身；思修身，不可以不事亲；思事亲，不可以不知人；思知人，不可以不知天。"天下之达道④五，所以行之者三：曰君臣也，父子也，夫妇也，昆弟也，朋友之交也：五者天下之达道也。知、仁、勇三者，天下之达德也，所以行之者一也。或生而知之，或学而知之，或困而知之，及其知之一也；或安而行之，或利而行之，或勉强而行之，及其成功一也。子曰："好学近乎知，力行近乎仁，知耻近乎勇。知斯三者，则知所以修身；知所以修身，则知所以治人；知所以治人，则知所以治天下国家矣。"凡为天下国家有九经⑤，曰：修身也，尊贤也，亲亲也，敬大臣也，体⑥群臣也，子⑦庶民也，来百工也，柔远人也，怀诸侯也。修身则道立，尊贤则不惑，亲亲则诸父昆弟不怨，敬大臣则不眩⑧，体群臣则士之报礼重，子庶民则百姓劝，来百工则财用足，柔远人则四方归之，怀诸侯则天下畏之。齐明盛服，非礼不动，所以修身也；去谗远色，贱货而贵德，所以劝贤也；尊其位，重其禄，同其好恶，所以劝亲亲也；官盛任使，所以劝大臣也；忠信重禄，所以劝士也；时使薄敛，所以劝百姓也；日省月试，既禀⑨称事，所以劝百工也；送往迎来，嘉善而矜不能，所以柔远人也；继绝世，举废国，治乱持危，朝聘以时，厚往而薄来，所以怀诸侯也。凡为天下国家有九经，所以行之者一也。凡事豫则立，不豫则废。言前定则不跲⑩，事前定则不困，行前定则不疚，道前定则不穷。在下位不获乎上，民不可得而治矣。获乎上有道：不信乎朋友，不获乎上矣。信乎朋友有道：不顺乎亲，不信乎朋友矣。顺乎亲有道：反诸身不诚，不顺乎亲矣。诚身有道：不明乎善，不诚乎身矣。诚者，天之道也；诚之者，人之道也。诚者不勉而中，不思而得，从容中道，圣人也。诚之者，择善而固执之者也。博学之，审问之，慎思之，明辨之，笃行之。有弗学，学之弗能弗措也；有弗问，问之弗知弗措也；有弗思，思之弗得弗措也；有弗辨，辨之弗明弗措也；有弗行，行之弗笃弗措也。人一能之己百之，人十能之己千之。果能此道矣，虽愚必明，虽柔必强。

右第二十章。

【注释】

①方策：指文献。古时文字写在木板、竹简上。方，用来书写的木板。策，用以书写的竹简。②蒲卢：蒲苇，一种易于生长的植物。③杀：等级，等差。④达道：天下古今共同遵循的道。达，通行的，共同的。⑤经：指义理、原则、法则等。⑥体：设身处地体察其心。⑦子：像父母爱护子女那样。⑧眩：目光昏花，引申为惑乱。⑨既禀：即饩廪，指俸禄。饩，送人的粮食，也指俸禄。廪，粮仓，引申为粮食。⑩踬：绊倒。引申为遇事不顺利，受到挫折。

【大意】

鲁哀公询问政事。孔子说："文王、武王的政事，都记载在典籍中。他们在世，这些政事就能推行；他们亡故，这些政事就停息不行。人的性能在于能治理政事，地的性能在于可以种树。政事就好比蒲苇。所以，治理好政事，在于人才。取得人才在于自身，按照道来修身，按照仁来修道。仁，是人的根本质量，最重要的是亲爱亲人；义，就是合宜的事，最重要的是尊重贤人。爱人的亲疏差别，尊贤的等级区分，是礼产生的根据。在下位的人得不到在上位的人的信任，就不可能治理好百姓！所以君子不可以不修身；要修身，不可以不事奉双亲；要事奉双亲，不可以不知晓人道；要知晓人道，不可以不知晓天道。"天下共通的道有五条，用来实行这五条道的品德有三项。君臣、父子、夫妇、兄弟、朋友之间的交往，这五项就是天下共通的道。智、仁、勇，这三项就是天下共同的品德，都是为了实行那五项共同的道，这是一致的。有的人生来就知晓，有的人学了才知晓，有的人是遇到困境才知晓，而最后知晓了则是一样的。有的人是为了求心安而照着做，有的人是因为觉得有利才这样做，有的人是勉强地这样做，而最后成功了则是一样的。孔子说："好学接近于智，力行接近于仁，知耻接近于勇。知道这三者，就知道怎样修身；知道怎样修身，就知道怎样治理人；知道怎样治理人，就知道怎样治理天下国家了。"治理天下国家，有九条纲要，就是修养自身，尊重贤人，亲爱亲人，敬待大臣，体恤群臣，爱护民众，招徕工匠，优待来客，安抚诸侯。修养自身就能确立道德，尊重贤人就不会迷惑，亲爱亲人伯叔兄弟就没有怨恨，敬待大臣就能临事不乱，体恤群臣士臣的回报就会更厚重，爱护民众百姓就会更勤勉，招徕工匠财用就会更充足，优待来客就能使四方归顺，安抚诸侯就能使天下敬畏。斋戒沐浴，洁净身心，穿着盛装，不合于礼的事不做，是为了修身；摒弃谗言，远离女色，轻财货而重德行，是为了劝勉贤人；提高他们的地位，丰厚他们的俸禄，同他们爱恶一致，是为了勉励亲属亲近；官员众多，足供差使，是为了勉励大臣；以忠信的态度和丰厚的俸禄相待，是为了勉励士；按时劳役不违农时，减轻赋税，是为了劝勉百姓；按时检验，使他所得与所做相称，是为了劝勉各种工匠；送往迎来，嘉奖良善而怜恤无能，是为了善待外来客人；延续绝嗣的世家，恢复废亡的国家，平治内乱，扶持危局，按时接见朝聘，回国时的赏赐丰厚而来朝时的贡品菲薄，是为了安抚诸侯。治理天下国家有九条纲要，而实行它们的方法则是一个。任何事情，预先有准备就能成功，没有准备就会失败。说话事先准备好就不会说不流畅，做事事先准备好就不会有困窘，行动事先准备好就不会有痛苦，道路事先准备好就不会走上绝路。在下位的人得不到在上位的人的信任，就不可能治理好百姓。获得上面的信任有途径：不能取得朋友的信任，就不能取得上面的信任。取得朋友的信任有途径：不孝顺父母就不能取得朋友的信任。孝顺父母有途径：反省自己，不能真诚，就不能孝顺父母。自身真诚有途径：不明白什么是善，自身就不能真诚了。诚，是天运行的道理；要做到诚，是做人的道理。诚，是指不用努力自然就能正确，不假思索就能懂得，从从容容地就能符合中道，这是圣人啊！要做到诚，是指选择了善而坚持去做。就是要广博地学习，详细地探求，谨慎地思考，清楚地辨别，笃实地实行。除非不学，学了还不会就不停止；除非不问，问了不懂就不停止；除非不思考，思考了没有答案不会停止；除非不分辨，分辨不清不会停止；除非不去践行，践行不认真踏实不会停止。别人用一分功夫能做到，我用十分功夫去做，别人用十分功夫能做到，我用千分功夫去做。如果真能做到这样，即使愚笨的人也一定会聪明，即使柔弱的人也一定会刚强。

　　本章发挥第十二章的思想，谈道较详，从修身至于治国，从精神、原则至于方法、措施，涉及丰富的内容。特别是后段专谈"诚"，朱注说"章内语诚始详，而所谓诚者，实此篇（《中庸》）之枢纽也"。全章约可分几个层次：首段提出"为政在人，取人以身，修身以道，修道以仁"说明君子不可以不修身。次段说"天下之达道五，所以行之者三"，提出君臣、父子、夫妇、昆弟、朋友之道是天下之达道，知、仁、勇三者是天下之达德。而"好学近乎知，力行近乎仁，知耻近乎勇"概括了修身的内容和方法。三段谈治理天下国家的九大纲要。详说了其内容、意义和实行的方法、措施。末段提出"凡事豫则立，不豫则废"，并说明治国家天下的本末先后，最后归结到诚。提出"诚者，天之道也；诚之者，人之道也"的思想和"博学之，审问之，慎思之，明辨之，笃行之"的诚之之道。以下各章，都是反复说明"诚者，天之道也；诚之者，人之道也"的思想。

自诚明，谓之性；自明诚，谓之教。诚则明矣，明则诚矣。

右第二十一章。子思承上章夫子天道、人道之意而立言也。自此以下十二章，皆子思之言，以反覆推明此章之意。

【大意】

从心诚而明白道理，叫做性。从明白道理而达到诚，叫做教。达到了诚就没有不明白的了，明白了道理，也就可以达到诚了。

本章提出"自诚明"和"自明诚"的区别，可与上章"诚者，天之道也；诚之者，人之道也。诚者不勉而中，不思而得，从容中道，圣人也。诚之者，择善而固执之者也"联系起来理解。"自诚明"即指天道和"不勉而中，不思而得，从容中道"。"自明诚"则指"择善而固执之""博学之，审问之，慎思之，明辨之，笃行之"的诚之之道。以下十二章，反复说明这一意思。

唯天下至诚，为能尽①其性；能尽其性，则能尽人之性；能尽人之性，则能尽物之性；能尽物之性，则可以赞天地之化育；可以赞天地之化育，则可以与天地参②矣。

右第二十二章。

【注释】

①尽：穷尽。这里包含充分认识和发挥两层意思。②参：同"叁"。

【大意】

唯有天下至诚的人，才能充分发挥自己的本性；能充分发挥自己的本性，就能充分发挥人类的本性；能充分发挥人类的本性，就能充分发挥万物的本性；能充分发挥万物的本性，就能赞助天地自然的繁育发展；能赞助天地万物的繁育发展，就可以和天地并列为三了。

本章说诚与尽心。唯有至诚方能尽心，也唯有尽心方能达于至诚。诚之就是尽心。其中关系，要从本篇首句"天命之谓性，率性之谓道，修道之谓教"来理解。

其次致曲①，曲能有诚，诚则形，形则著，著则明，明则动，动则变，变则化，唯天下至诚为能化。

右第二十三章。

【注释】

①曲：局部，一部分。

【大意】

次一等的人只能达到局部某一个方面，对局部也可以达到诚，诚了就会表现出来，有表现了就会逐渐显著，显著了就发出光辉，有了光辉就能感动他人，感动他人就会使人转变，转变就会使人不自觉地转化成善人，只有天下至诚的人才能使人转化。

尽心至诚不是凭一日之功，要从认识局部开始，而以尽心至诚为目标。

至诚之道，可以前知。国家将兴，必有祯祥①；国家将亡，必有妖孽；见乎蓍龟②，动乎四体。祸福将至：善，必先知之；不善，必先知之。故至诚如神。

右第二十四章。

【注释】

①祯祥：吉利的征兆。祯，吉。祥，征兆。②见乎蓍龟：通过占卜表现出来。蓍龟，占卜用的蓍草和龟甲。

【大意】

至诚的道理可以预知未来。国家将要兴盛，必定会有吉兆；国家将要灭亡，必定会有妖孽，反映在占卜的蓍草、龟甲上，体现在人们形体的活动中。祸福将来：善，一定事先知道；不善，一定事先知道。所以，至诚就像神明。

这是讲至诚的功效。

诚者自成也，而道自道也。诚者物之终始，不诚无物。是故君子诚之为贵。诚者非自成己而已也，所以成物也。成己，仁也；成物，知也。性之德也，合外内之道也，故时措之宜也。

右第二十五章。

【大意】

诚是自己完成的，道是自己所走的。诚贯穿着事物的始终，不诚就没有事物了，所以君子以做到诚为贵。诚不是自己做到就完事了，而是为了成就事物。成就自己，是仁；成就事物，是智。这是人性固有的品德，是兼顾自身和外物的道理，所以随时运用都是适宜的。

本章提出诚之并非只为成己，成己是为了成物。人道是"合内外之道"。成己、成物不可偏废，内外兼顾，仁智合一，是中庸之道在修身上的体现。既是难能，又属必须，要认真体会。

故至诚无息。不息则久，久则征①，征则悠远，悠远则博厚，博厚则高明。博厚，所以载物也；高明，所以覆物也；悠久，所以成物也。博厚配地，高明配天，悠久无疆。如此者，不见而章，不动而变，无为而成。天地之道，可一言而尽也：其为物不贰，则其生物不测。天地之道：博也，厚也，高也，明也，悠也，久也。今夫天，斯昭昭②之多，及其无穷也，日月星辰系焉，万物覆焉。今夫地，一撮土之多，及其广厚，载华岳而不重，振河海而不泄，万物载焉。今夫山，一卷石之多，及其广大，草木生之，禽兽居之，宝藏兴焉。今夫水，一勺之多，及其不测，鼋鼍、蛟龙、鱼鳖生焉，货财殖焉。《诗》③云："维天之命，於穆不已！"盖曰天之所以为天也。"於乎不显！文王之德之纯！"盖曰文王之所以为文也，纯亦不已。

右第二十六章。

【注释】

①征：验证。②昭昭：明亮貌。③《诗》：《诗经·周颂·维天之命》。

【大意】

所以至诚没有停息的时候。不停息就长久存于心中，长久存于心中就能在行为中验证，能验证就可以悠久长远，悠久长远就能广博深厚，广博深厚就能高大光明。广博深厚可以承载万物，高大光明可以覆盖万物，悠久长远可以成就事物。广博深厚与地相配，高大光明与天相配，悠久长远没有边际。达到这样，不须表现就自然彰明，不须行动就自然改变，无所作为也能自然成功。天地的道理，可以用一句话说明。作为天地，它诚一不贰，而它化生的万物则变化不测。天地的道理，广阔、深厚、高大、光明、悠远、长久。讲这天，只是那么一个小小亮点，而它到了没有边际的时候，日月星辰都靠它维系，万物都在它覆盖之下。这个地，只是那么一撮土，到了它积累得广大深厚的时候，它承载山岳而不觉得重，容纳大河大海而不会泄漏，世间万物都承载在地上。讲这山，只是那么一块石头，到了它广阔高大的时候，草木在上面生长，鸟兽山中居住，宝藏从山中开发。这大江大河，只是一勺那么多，到了它深不可测的时候，鼋鼍、蛟龙、鱼鳖都在水中生长，财富也由此增殖。《诗经》说："只有上天的道理，庄严肃穆运转不停。"这是说的天之所以为天的道理。"多么显著而光明，文王的德的精纯。"这是说的文王之所以称为文王，他的纯也是永不停止。

本章说天道的特性，博厚、高明、悠久。

大哉圣人之道！洋洋乎！发育万物，峻极于天。优优①大哉！礼仪三百，威仪三千。待其人而后行。故曰苟不至德，至道不凝焉。故君子尊德性而道问学，致广大而尽精微，极高明而道中庸。温故而知新，敦厚以崇礼。是故居上不骄，为下不倍，国有道其言足以兴，国无道其默足以容。《诗》②曰"既明且哲，以保其身"，其此之谓与！

右第二十七章。

【注释】

①优优：充足有余的意思。②《诗》：《诗经·大雅·烝民》。

【大意】

伟大啊，圣人的道！它多么美盛！养育万物，高峻达于苍天。它那样丰足有余！礼仪有三百条，威仪有三千条，等待有德的人们来实行。所以说，如果没有最高的德，最高的道也不能凝聚。所以君子尊重德性而又讲究学问，致力于广大而又尽心于精微，极尽高明的精义而又遵循平常的道理，温习前人已有的知识而又能开发新知，以敦厚的态度来推崇礼。所以君子身居高位而不骄纵，身为臣下而不悖逆，国家有道，他的主张足以振兴国家。国家无道，他的沉默可以保全自己。《诗经》

说："聪明而又明智，用以保全自身。"说的就是这个意思吧！

本章说人道之要，提出"尊德性而道问学，致广大而尽精微，极高明而道中庸。温故而知新，敦厚以崇礼"。

子曰："愚而好自用，贱而好自专，生乎今之世，反古之道。如此者，灾及其身者也。"非天子，不议礼，不制度，不考文。今天下车同轨，书同文，行同伦。①虽有其位，苟无其德，不敢作礼乐焉；虽有其德，苟无其位，亦不敢作礼乐焉。子曰："吾说夏礼，杞不足征也；吾学殷礼，有宋存焉；吾学周礼，今用之，吾从周。"

右第二十八章。

【注释】

① "今天下车同轨"句："车同轨，书同文，行同伦"是秦始皇统一中国之后才有的事，此句疑是秦代人所加。

【大意】

孔子说："愚昧而又喜欢刚愎自用，卑贱而又喜欢独断专行，生在当今之世，却要返回古代的道，像这样，灾祸就要降临到他身上了。"不是天子，不议定礼仪，不创制法度，不规范文字。现在天下车的轮距相同，书写的字体统一，行为的伦理规范一致。虽然有相应的地位，如果没有相应的德性，是不敢制礼作乐的；虽然有相应的德行，如果没有相应的地位，也是不敢制礼作乐的。孔子说："我讲夏礼，杞国的材料不足以验证；我学殷代的礼，还有宋国在；我学周礼，是现在还在用的，我依从周礼。"

本章说制作礼乐须德、位兼备，缺一不可。

王天下有三重焉①，其寡过矣乎！上焉者虽善无征，无征不信，不信民弗从；下焉者②虽善不尊，不尊不信，不信民弗从。故君子之道，本诸身，征诸庶民，考诸三王而不缪，建诸天地而不悖，质诸鬼神而无疑，百世以俟圣人而不惑。质诸鬼神而无疑，知天也；百世以俟圣人而不惑，知人也。是故君子动而世为天下道，行而世为天下法，言而世为天下则。远之则有望，近之则不厌。《诗》③曰："在彼无恶，在此无射；庶几夙夜，以永终誉！"君子未有不如此而蚤有誉于天下者也。

右第二十九章。

【注释】

①王天下：称王于天下。三重：有不同解释。一，指议礼、制度、考文。二，三种之重，指夏商周三王之礼。下文有"本诸身，征诸庶民，考诸三王而不缪"，三重或可理解为"本诸身，征诸庶民，考诸三王"三者。以下"建诸天地""质诸鬼神""百世以俟圣人"，是说其功效。②上焉者、下焉者：有两说：一，上指君，下指臣；二，上指夏商先王，下指在下的圣人，如孔子。③《诗》：《诗经·周颂·振鹭》。

【大意】

治理天下有三个重要的方面，做好了就可以少犯过错了！君主虽然好，却无法验证，无法验证就不能取信，不能取信百姓就不会遵从；臣下虽然好，却地位不尊，地位不尊就不能取信，不能取信百姓就不会遵从。所以君子的道，一定要根据自己的身体力行，验证于百姓，查考于三王而没有悖谬。如此建立在天地之间而没有违逆，质询于鬼神而没有疑问，留待百世之后的圣王检验而没有疑惑。质询于鬼神而没有疑问，是因为知晓了天；留待百世之后的圣王检验而没有疑惑，是因为知晓了人。因此，君子的行动就成为天下人遵行的道，他的行为就为天下人所效法，他的言论就成为天下人行为的规矩。离远了会有盼望，离近了也不会厌烦。《诗经》说："在那里没有人憎恶，在这里没人厌烦。才差不多可以从早到晚始终受到赞誉。"君子没有不这样做而能先享誉于天下的。

本章讲治国之道的三原则："本诸身，征诸庶民，考诸三王。"值得借鉴。

仲尼祖述尧、舜，宪章①文、武；上律②天时，下袭③水土。辟如天地之无不持载，无不覆帱，辟如四时之错行，如日月之代明。万物并育而不相害，道并行而不相悖。小德川流，大德敦化，此天地之所以为大也。

右第三十章。

【注释】

①宪章：活用为动词，使显著，彰明。宪，效法。章，显著。②律：法律、戒律。此处作动词用，以天时为律。③袭：因循，沿袭。

【大意】

孔子继承尧舜的道，遵守文王、武王的法度；上顺天时规律，下依水土所宜。譬如天地对万物无不支援承载，无不覆盖遮护，如四季的交替运行，日月的更迭照耀。万物共同繁育而不互相伤害，道理同时施行而不相互抵触。小德川流不息，大德敦厚化育，这就是天地所以伟大的地方。

说天道是"万物并育而不相害，道并行而不相悖"。第一章说"和也者，天下之达道也"，本章"不相悖""不相害"是对"和"的具体说明。宇宙万物莫不包含不同和差异，只要各个部分各于其所，处于中道，无过无不及，就可达到"不相悖""不相害"而和谐共处。只见相悖、相害，不知不见有不相悖、不相害，导致无穷无尽的相互争斗，永无安宁和谐。"殷鉴不远"，这样的教训，要引为鉴戒，时刻牢记。

唯天下至圣，为能聪明睿知，足以有临①也；宽裕温柔，足以有容也；发强刚毅，足以有执也；齐庄中正，足以有敬也；文理密察，足以有别也。溥博渊泉②，而时出之。溥博如天，渊泉如渊。见而民莫不敬，言而民莫不信，行而民莫不说。是以声名洋溢乎中国，施及蛮、貊。舟车所至，人力所通，天之所覆，地之所载，日月所照，霜露所队③，凡有血气者，莫不尊亲，故曰配天。

右第三十一章。

【注释】

①临：居高临下，指君王居高位统治天下。②溥博：周遍

而广阔。渊泉：渊深而本于泉，朱注"静深而有本"。③队：通
"坠"。

【大意】

只有天下的至圣，才能聪明睿智，足以居于百姓之上；宽厚温柔，足以包容众人；坚强刚毅，足以决断一切；端庄公正，足以受人恭敬；文章条理细密清晰，足以明辨是非。广博而深沉，而又随时表现于外。像天那样广博，像深潭那样深沉，他的表现百姓无不敬仰，他的言论百姓无不信从，他的行为百姓无不喜爱。所以他的声名洋溢于中国，影响到文化落后的地区。凡车船所能到的地方，人力所能去的地方，天所覆盖的地方，地所承载的地方，日月所照到的地方，霜露所降落的地方，凡是有血气的人，没有不尊敬亲近他的，所以说他是可以与天匹配的。

唯天下至诚，为能经纶①天下之大经，立天下之大本，知天地之化育。夫焉有所倚？肫肫②其仁！渊渊其渊！浩浩其天！苟不固聪明圣知达天德者，其孰能知之？

右第三十二章。

【注释】

①经纶：治理，整理。②肫肫：恳挚貌。

【大意】

　　只有天下至诚的人，才能理顺天下的纲纪，确立天下的根本，知晓天地化育的道理。他哪里依靠什么别的力量呢？像仁心那样恳挚真诚！像深潭那样深沉！像苍天那样浩大！如果不是天生聪明睿智、通达天德的人，谁能知道呢？

　　以上二章分别接续三十章所说小德川流，大德敦化。前章说至圣之德，此章说至诚之道。至诚之道，非至圣不能知，至圣之德，非至诚不能为，所以二者并非截然分离的二物，而是统一不可分的一物。

　　《诗》①曰"衣锦尚絅"，恶其文之著也。故君子之道，暗然而日章；小人之道，的然而日亡。君子之道，淡而不厌，简而文，温而理，知远之近，知风之自，知微之显，可与入德矣。《诗》②云："潜虽伏矣，亦孔之昭！"故君子内省不疚，无恶于志。君子之所不可及者，其唯人之所不见乎。《诗》③云："相在尔室，尚不愧于屋漏。"故君子不动而敬，不言而信。《诗》④曰："奏假无言，时靡有争。"是故君子不赏而民劝，不怒而民威于铁钺。《诗》⑤曰："不显惟德！百辟其刑之。"是故君子笃恭而天下平。《诗》⑥云："予怀明德，不大声以色。"子曰："声色之于以化民，末也。"《诗》⑦曰"德辑如毛"，毛犹有伦。"上天之载，无声无臭"，至矣！

右第三十三章。子思因前章极致之言，反求其本，复自下学为己谨独之事，推而言之，以驯致乎笃恭而天下平之盛。又赞其妙，至于无声无臭而后已焉。盖举一篇之要而约言之，其反复丁宁示人之意，至深切矣，学者其可不尽心乎！

【注释】

①《诗》：《诗经·卫风·硕人》。②《诗》：《诗经·小雅·正月》。③《诗》：《诗经·大雅·抑》，原文下文是"无曰不显，莫予云觏"。意思是不要以为是在隐蔽的地方就不会显露，神已经看见了。④《诗》：《诗经·商颂·烈祖》。⑤《诗》：《诗经·周颂·烈文》。⑥《诗》：《诗经·大雅·皇矣》。⑦《诗》：《诗经·大雅·烝民》。

【大意】

《诗经》说"穿着锦衣，加罩布衫"，是厌恶锦衣过于华美。所以，君子的道看来隐晦而日渐彰明，小人的道看来显明而日渐消亡。君子的道，平淡而从不满足，简约而有文采，温和而有理，从久远历史可以知晓近日，见到风可以知晓其来源，从细枝末节可以看到它的彰显，这样就可以进入高尚的道德境界了。《诗经》说："虽已深深潜藏，仍可被清楚看到。"所以君子自我反省而没有愧疚，心志中没有恶念。君子让别人赶不上的，大概只在人们所看不到的地方。《诗经》说："有人在你宗庙一起助祭，你尚且没有对神明的惭愧之心。"（不要以为不会显露，神明已经看见了。）所以，君子不动就受到人们的尊敬，不说话就能得到人们的信任。《诗经》说："静穆地进行祭祀，没有嘈杂和纷争。"所以，君子不须行赏百姓就会互相劝勉，不用发怒而百姓的敬畏会超过对刀斧的刑罚。《诗经》说："大力显扬那德行啊，诸侯们都来效法。"所以君子笃实恭敬天下就安定。《诗经》说："怀念那美德呀，从不疾言厉色。"孔子说："用疾言厉色来教化民众，是最差的下策。"《诗经》说"德行轻于毛发"，毛发还是可以和其他事物相比的，"上天的化生万物，是无声无臭的"，这是至高无上了！

此章概言君子之德，从内而言，戒慎于独，内省不疚，无恶于志。对外而言，现于无形，无声无臭，其"所不可及者，其唯人之所不见"。朱注云："盖举一篇之要而约言之，其反复丁宁示人之意，至深切矣，学者其可不尽心乎。"